Jean Claude Olivier

SUR MES CHEMINS D'ÉTOILES

ISBN: 978-1-77076-754-6

Ce livre a été créé avec StreetLib Write
(http://write.streetlib.com).

CRÉDITS

L'éternel voyage

Les êtres sont comme les nuages qui traversent le ciel en un éternel voyage.

Qui ne se souvient d'un lieu, d'un village, d'une maison, lorsqu'au hasard de nos pérégrinations nous traversons un pays ou même un continent. Cette sensation de « déjà vu » concerne chacun et chacune d'entre nous.

Il en est de même avec les gens qui traversent les siècles et reviennent invariablement sur cette Terre ou sur une autre planète pour sans cesse progresser, et franchir une à une les marches de la spiritualité.

Nous avons vécu depuis des siècles et des millénaires sous la forme la plus dense, la plus vulgaire, cette forme faite de matière périssable et provisoire, afin d'apprendre et d'évoluer.

Nous sommes en fait de toutes les époques et de tous les lieux.

Voilà pourquoi nous rencontrons souvent d'une vie à l'autre, des personnes avec lesquelles nous avons passé un peu de temps sur Terre à l'une ou à l'autre époque. Nous avons été frères ou sœurs, parents ou enfants, amis, amants ou adversaires.

Cette cohabitation forcée ou consentie, a modelé nos relations suivant que nous nous aimions ou nous détestions, suivant que nous étions liés d'un amour commun, ou d'une commune répulsion.

Nous avons pu sauter des siècles avant notre retour ici-bas, ou revenir d'une vie à la suivante sans délai.

C'est la raison pour laquelle nous pouvons être aujourd'hui en harmonie avec une personne que nous ne connaissions pas l'instant d'avant, et détester la compagnie de telle autre que nous ne connaissons pas davantage.

De nos voyages demeure une âme plus ou moins affirmée, qui comme le souffle de tout être, est sensible, vivace, fulgurante, un souffle qui se nourrit de l'expérience de son passé, de ses rencontres et de ses précédentes existences.

Le poète a sans doute une sensibilité à fleur de cœur qui l'incite à exprimer par les mots, par la rime, par l'harmonie, les bouleversements qui l'agitent.

Il est comme le papillon qui volète de fleur en fleur à la recherche du nectar de l'âme, la poésie.

Il n'y a pas de chemin, pas de règles, l'inspiration le mène d'une rive à l'autre, au gré de sa fantaisie, de son inspiration, avec des mots simples, un zeste de douleur et de nostalgie, et beaucoup d'amour. Laissons-nous emporter par le rythme des vers et des rimes.

Méditations

J'aimerais reposer en carré d'herbe folle,
Au sommet d'un vieux tertre balayé par le vent,
J'aimerais que mes os sans compagnie s'étiolent,
Sous le tapis de fleurs d'un espiègle printemps.

Je n'imagine pas rangée comme à l'école,
Ma dépouille raidie couchée sous un auvent,
Pour gagner une place se cognant de l'épaule,
Aux plus vieux locataires de ces lieux décevants.

La mort est un repos alors reposons seuls,
Ne nous mélangeons point aux morts et aux vivants,
Et s'il me faut un jour partager mon linceul,
Je veux que l'amour seul s'y glisse pieds devant.

J'aimerais que le soir chante le rossignol,
Que croissent le bleuet et le herbes des champs,
Sur ma pierre gravée jouerait le campagnol,
Et sur mon front blanchi la caresse du vent

J'aimerais qu'on se dise

A vivre mes je t'aime, à pleurer mes émois,
J'aimerais qu'on se dise un poète débat,
Un poète sans nom, sans âge, sans frontières,
Un joyeux compagnon comme furent naguère,
Un Villon débauché, un Rabelais farceur,
Qui savaient distinguer la fortune du cœur.

J'aimerais que la rose en sa fraiche livrée,
De la morosité nous vienne délivrer,
Que Mignonne à l'amour ne s'éveille trop tard,
Ainsi que l'espérait notre maitre Ronsard.

A rêver mes poèmes, à passer mes années,
Je crains que tout ceci ne soit billevesées,
Que l'amour soit un leurre et foin de l'amitié,
Que tendresse ne soit que chiffon de papier.

A lire mes sonnets, à vivre mes ébats,
J'aimerais qu'on se dise un poète s'en va.

La Ballade du Poète

Je suis une herbe folle une âme à la dérive,
Une plume flottant aux caprices du vent,
Une feuille qui plane capricieuse et lascive,
Poussée par les bourrasques et les frasques du vent.

Je ne suis que pensées, qu'humeurs vagabondes,
Je vais, je viens j'hésite à prendre mon envol,
L'éther est ma patrie, et mon champ clos le monde,
Sur les vagues du temps je flâne et caracole.

Mon âme est un violon où naissent mes amours,
Tantôt vole l'archet, tantôt l'archet se brise,
Au cœur de mes tourments, mes rivières sans retour,
L'esprit est un cristal que ma lumière irise.

Je suis la symphonie, de Bizet l'Arlésienne,
Le délire de Goya, les passions de Monet,
L'élégance de Musset, les sanglots de Verlaine,
Le talent de Dali, de Vivaldi l'archet.

Je suis Pierrot qui pleure, parfois jacques qui rit,
L'angoisse du berger, le cri de l'alouette,
Le souffle de la vie et l'amour assouvi,
Je suis l'éclat de l'ombre, je suis le poète.

Lignes de poésie

La poésie ma mie est d'abord un langage,
Une harmonie de mots, un souffle de l'éther,
Qui permet à chacun d'en oublier son âge,
Et déclarer sa flamme à l'être le plus cher.

Ce ne sont que des mots dans un bel assemblage,
Des rimes, des sonnets qu'un quelconque trouvère,
Harmonise à loisir sur le blanc d'une page,
Pour clamer son amour aux confins de la Terre.

La poésie mon ange nous vient du fond des âges,
Son art fût le fruit du tourment de nos pères,
Rabelais et Rimbaud l'eurent en héritage,
Et conçurent pour nous leurs admirables vers.

Ma poésie mon cœur est pour toi un message,
Sans langage savant ni fin vocabulaire,
Elle est de mon amour le profond témoignage,
Et des violons l'admirable concert.

S'il se pouvait qu'un jour

S'il se pouvait qu'un jour le temps freinant sa course,
Règne en cet ici-bas un éternel été,
S'il m'était accordé en ultime ressource,
De ne plus conjuguer ni futur ni passé.

La rose en son jardin ouvrirait sa corolle,
Comme un calice offert aux gouttes de rosée,
Sans plus craindre pour elle que jamais ne s'étiole,
L'ouvrage délicat de sa robe nacrée.

Ma mie en son miroir se laisserait surprendre,
Par l'éclat délicat de sa jeune beauté,
Ni l'ombre d'un chagrin ni la fossette tendre,
Le satin de ses joues ne se pourrait gâter.

Nul ne craindrait la peur et n'aurait plus d'alarme,
La faucheuse pourrait son outil remiser,
S'il se trouvait qu'au ciel pourtant perle une larme,
C'est une pluie d'amour qu'on y verrait verser.

Nul ne subirait la lente usure du temps,
Dont l'horloge inutile se verrait libérée,
L'oiseau à tout jamais chanterait le printemps,
Et la Terre entière un éternel été.

Parfum Lilas

Ce soir à la brune un parfum de lilas,
Flotte, erre, s'en vient et serpentine,
Sous la voûte opportune de ma véranda.

Je la suis du regard la dolente câline,
Qui ondule et se tord aux ailes de mon nez,
Comme fumée d'opium ou volute d'encens.

Je la connais si bien cette fragrance ailée,
S'en venant à la brune lorsque le soir descend,
Que je sais dans l'instant par l'arôme ténu,
D'une bouffée d'amour, d'une tendre pensée,
Que mon front brillera sur mes tempes chenues,
Comme perles d'azur à mon cœur déposées.

L'amour est pareil à l'abeille qui butine les fleurs, l'amour est l'ivresse qui caresse les cœurs.

L'amour n'a pas de loi, de règles ni d'usage, il s'invite sans partage.

Alors il s'impose, grandit, comme une vague éblouissante.

L'amour est tendresse, délicatesse, de miel ou de feu, il est l'énergie divine, le principe créateur, l'alpha et l'oméga.

La beauté de Diane chasseresse.

Je vous aimais madame

Je vous aimais madame en ces terres lointaines,
Où nous flânions tous deux auprès du vieil étang,
Vous récitiez des vers aux violons de Verlaine,
Et versiez quelques larmes aux amours de Tristan.

Vous lisiez vos sonnets, penchée sur mon visage,
Et je songeais alors aux trésors interdits ;
A ce sein palpitant au voile d'un corsage,
Au satin d'une peau à mes baisers promis.

Le diable était en moi qui ravageait mon âme,
En un désir soudain de mes sens exaltés,
Je rêvais de l'amour qu'on fait à une femme,
Mais vous lisiez des vers, des odes, des sonnets.

Je vous aimais ma mie d'un amour éternel,
Et je vous aime encore en ces temps d'aujourd'hui,
Depuis quarante années notre lune de miel,
A blanchi nos cheveux et incendié nos nuits.

Ainsi l'amour sera à notre aube dernière,
Au dernier battement d'un cœur agonisant,
A l'ultime parole d'une ultime prière,
Au dernier mot gravé au marbre d'un gisant.

Aimer en Toute saison

Je vous aime ma mie à la belle saison,
De jasmins odorants et de mauves glycines,
De lilas malicieux et de roses à foison,
Je vous aime mon cœur aux heures sauvagines.

Je vous aime mon âme à la morte saison,
De ciel gris, de jour bas, de matin qui décline,
De feuilles vermillonnes et d'âpres tourbillons,
Je vous aime mon cœur aux heures qui chagrinent.

Je vous aime du trait de maître Cupidon,
Qui me perça le cœur au creux de la poitrine,
Je vous aime d'amour en toute déraison,
La raison à l'amour jamais ne vous incline.

J'ai ouvert mon cœur

J'ai ouvert mon cœur comme s'ouvre une fenêtre,
Et mon âme assoupie qui n'attendait que vous,
A choisi ce jardin où je vous vis paraître,
Dans la douce lumière d'un matin du mois d'août.

Vous fûtes mon amie en cette aube violette,
La rose qui rendit votre jardin jaloux,
Et le don merveilleux de cette humble fleurette,
Fût la fraiche rosée de vos pleurs sur ma joue.

J'ai ouvert mon cœur comme s'ouvre une fenêtre,
Et dès lors mes pensées ne furent que pour vous,
Pour ce petit jardin où l'amour me vit naître,
Dans la douce lumière d'un matin du mois d'août.

Sans Toi

Si tu devais partir un soir de grand voyage,
Si ton corps harassé sous les assauts du temps,
Ne pouvait éviter le douloureux naufrage,
De me laisser ainsi à mes tristes tourments.

Je ne serais qu'embruns, que lambeaux de nuage,
Qu'une feuille qui plane aux caprices du vent,
Je ne serais que pluie, que sombres paysages,
Qu'une morne saison, qu'un noir cheminement.

Je ne serais sans toi qu'un livre sans message,
Qu'une page blanchie à l'usure du temps,
Un violon sans archet, un prénom sans visage,
Une fenêtre ouverte à l'obscur néant.

Je serais cœur détruit, que ruines de Carthage,
Qu'une source tarie, qu'un lent assèchement,
Une rose flétrie, un rossignol en cage,
Une âme crucifiée, un Christ agonisant.

Le langage des fleurs

Roses de porcelaine et roses de satin,
Compagnes du jardin au jabot empourpré,
Sublissime lilas de mauve maquillé,
Elégant camélia foisonnant de carmin.

Préférez-vous le lys en son abord hautain,
Le lupin malicieux au collet boutonné,
L'iris empanaché de pétales coiffé,
Le dahlia joufflu, l'ineffable jasmin.

Ces fleurs, tendre Ninon, je les cueille à brassée,
Gage de ma passion entre vos mains livrée,
Comme un preux chevalier au parvis de l'autel.

Je veux que ce trésor posé sur vos genoux,
Témoigne d'un amour éperdu, éternel,
Vous dise mon souci de n'être plus qu'à vous.

Depuis que tu n'es plus là

Ton absence est l'enfer pour mon cœur qui soupire,
Et s'allongent les jours lorsque tu n'es plus là,
L'écho d'une chanson, la cascade d'un rire,
Mes souvenirs revivent les instants d'autrefois.

J'ai remisé le bois tout au fond du jardin,
Et rangé le violon dans son étui de hêtre,
Le petit chat s'ennuie, ronronne et lorgne en vain,
La porte du jardin où tu devais paraître.

Mais s'écoule le temps dans la maison déserte,
Où le lit solitaire sommeille sous les draps,
L'horloge tourne en rond sur la porte entre ouverte,
Et la perruche bleue ne parle que de toi.

Tu n'es plus qu'un fantôme qui anime mes rêves,
Et qui hante les murs de la vieille maison,
Je prie les saints, les cieux, pour que le jour s'achève,
Avant que mon cœur las ne perde la raison.

Mes amours de Cordoue

Lorsqu'elle apparaissait silhouette féline,
Drapée dans un madras de ses ors éclatant,
Mon vieux cœur bondissait au fond de ma poitrine,
Et mes tempes battaient au rythme de mon sang.

Elle avait l'élégance de ces belles gitanes,
Qui vont danser le soir aux places de Cordoue,
Elle avait l'arrogance de ces donas d'Espagne,
Elle était de la race des fiers Andalous.

Vaincu par mon élan de passion incendiaire,
J'aurais repris mes armes au râtelier posées,
J'aurais conquis l'Algarve à sa seule prière,
Et brisé les moulins de mes jeunes années.

Elle ne connut jamais ma passion délétère,
Et les tendres élans de mon cœur à genoux,
Je la voyais le soir devant son éventaire,
Elle était épicière au marché de Cordoue.

Riche de Toi

Riche de toi, je suis riche de toi,
De tes mots, de tes rires, riche de tes soupirs,
De ton regard sur moi, de tes tendres émois,
Riche de ta patience, riche de tes silences,
Des tourments qui me peinent,
De tes peines qui me hantent,
Riche de tes effrois, riche de tes pourquoi,
D'une larme sur ta joue,
De tes bras sur mon cou,
Riche de tes arcs en ciel,
Riche de ton septième ciel,
Je suis riche à crier, riche à m'en écrier,
Sur la Terre comme aux cieux, aux océans furieux,
Je veux clamer, chanter, je veux le proclamer,
Tu es ce que je veux, ce qui me rend heureux,
Ici dessus la Terre tu es mon univers,
Là-haut au fond des cieux mon horizon tout bleu.

Ma douce Pâquerette

Où es-tu pâquerette ma douce fleur des champs,
Que mes baisers flétrirent avant même d'aimer,
Aux limbes infinis où les magiciens dansent,
Ou sur la vague bleue d'un rêve émerveillé.
Peut-être es-tu allée sur le chemin des cieux,
Tutoyer de ton front les marges de Saturne,
Ou Pierrot malheureux en ta grande infortune,
Es-tu abandonnée dans ces mondes glacés.
Peut-être es-tu si près que me frôle ta main,
Que tes baisers se posent au gris de mon chagrin,
Et que ton ombre frêle sur ma couche penchée,
Chaque nuit me rappelle les heures du passé.
Un souffle sur ma joue, une haleine, un parfum,
Mais s'écoulent les heures et mon coeur se morfond,
Dans ce manque de toi, dans ce désert profond,
Où vaquent mes délires et s'étirent mes jours,
Quand me reviendras-tu ma blanche pâquerette,
Aux premiers jours d'avril quand renait le prin-
temps?
Mon cœur rêve de toi, il t'espère, il t'attend.

La lettre d'Adieu

Pardonne-moi d'oser ainsi te déranger,
Adorable Nanou qui fut mon amour fou,
Pardonne-moi ces lignes si mal présentées,
L'écriture bâclée, ces erreurs et ce flou,
Moi je crève en ce lieu dans la fange et la boue,
Sous les bombes et le feu, l'enfer des tranchées.
Je tiens dans une main ta dernière lettre,
Qui évoque l'ennui, ton mal être peut-être,
Qui m'avoue désormais ne plus vouloir de moi.
La vie est faite ainsi qui réunit deux êtres,
Pour un instant d'après tous deux les séparer.
Je ne pourrai jamais paraître à ta fenêtre,
Pour t'écouter chanter dans l'azur de l'été,
Je ne serai jamais ton amour, ton amant,
Je ne pourrai jamais câliner nos enfants.
Dans un instant, moins de deux minutes guère,
L'ordre sera donné de quitter nos tranchées,
Pour affronter le feu, le fer, les cris, la guerre,
Je laisse ta photo à la boue du fossé,
En ultime témoin d'une ultime pensée.
Je n'ai jamais rien eu, jamais rien possédé,
Que cet amour d'enfant que tu m'avais donné,
Je n'ai jamais rien su de tous ces temps passés,
Dans ma vie je n'ai su qu'à vingt ans trépasser.

Dis grand père

Dis grand père qu'avez-vous fait du monde ?
Voilà si peu de temps que je suis éveillé,
J'appartenais vois-tu au royaume des songes,
Dont mes lèvres vermeilles portent encore la rosée.

Ici-bas les nuées tournent en de lourdes rondes,
Dans le pré plus de fleurs, plus de trèfle à chercher,
La rivière serpente et cherche en vain son onde,
Qu'un soleil implacable a depuis asséché.

La Terre sous nos pieds qui secoue son manteau,
N'est-ce point de courroux qu'aujourd'hui elle
gronde ?
Je suis bien trop petit pour aller au tombeau,
Dis grand père qui peut changer le monde ?

Il se peut mon enfant qu'il y ait un recours,
Au funeste présage qui nous est annoncé,
Mais pour cela tu dois pour en changer le cours,
Te bien apprendre un mot et le bien prononcer.

Amour, amour c'est le mot, pour toi c'est le sésame,
Il peut tout transformer pour peu qu'on l'y convie,
Ce mot a le pouvoir de transcender les âmes,
Il te rendra heureux tout au long de ta vie.

Alors mon tout petit aime ta vie entière,
Aime la terre et l'eau, le soleil et le vent,

Aime l'enfant, l'agneau, le loup et la panthère,
Aime tout à la fois le faible et le tyran.
Aime l'herbe des champs, les cailloux du chemin,
La vague sur la grève qui va s'alanguissant,
Le timbre d'un clocher qu'on devine au lointain,
Et la rouge lueur du jour agonisant.

Lettre à Elise

Elise, il faut ce soir que je te dise,
Que ton amour pour moi est bien audacieux,
J'ai vécu tant d'années, usé tant de chemises,
Que mon vieux corps n'est plus qu'un port silencieux.

J'ai vécu trop l'orgueil d'une vie insoumise,
J'ai tant rêvé d'amour sous la voûte des cieux,
Que mon cœur ne sait, je te l'avoue Elise,
Qu'il ne sait plus aimer d'un cours impétueux.

Le temps vieil ennemi qui tue et avilise,
A pour moi d'autres jeux que les jeux amoureux,
Quand je pense aux baisers de tes lèvres conquises,
Je compte les années qui me séparent d'eux.

Tu es si jeune encore ma tendre et douce Elise,
Que les mâles galants seraient plus précieux,
Qu'un vieil amant fourbu en des luttes indécises,
Qu'un vieux forban vaincu par la colère des cieux.

Femme

Tu es celle que l'on blesse,
Celle que l'on agresse,
Tu es celle que l'on salit,
Celle que l'on flétrit,
Tu es celle que l'on viole,
Celle que l'on vitriole,
Tu es celle que l'on encage,
Celle que l'on saccage,

Pourtant femme tu es ma sœur,
La porte ouverte sur mon cœur,
Tu es la lumière du matin
Une éclaircie à mes chagrins,
Tu es l'amour quatre saisons,
Et la tendresse au diapason,
Tu es le ventre, tu es le sein,
Du bel enfant que l'on devient
Tu es la rose à peine éclose,
Et plus te dire encore je n'ose,
Tu es le baume sur mon front,
Et le refrain de mes chansons,
Tu es sur Terre l'Eve première,
Et de nos pères tu es la mère.

Il y a toujours au fond de chaque être un chemin secret, une voie nimbée de soleil et d'etoiles, une vieille maison où dorment les souvenirs, une parcelle de cœur où les amours sont cachés.

Ce voyage au gré de ma mémoire, au rythme de mon cœur, ressuscite les images du passé, exprime de façon instinctive la tendresse, la reconnaissance, la sensibilité, la grâce, tout ce qui fait que l'âme humaine est un trésor ...

Que sont mes amis devenus

Elle moissonne sans trêve et tranche sans repos,
La veule, la traitresse à la blanche crinière,
Elle ne fait point le choix du sinistre tableau,
Elle prend, indifférente, le gueux ou le prospère.

Où t'en es-tu allé tendre Pierrot de lune,
Poète de la rue, baladin des barrières,
Qui disparut un jour en sa triste infortune,
Et qu'on ne revit point sur nos chemins austères.

Et toi marie la douce qui fut notre rosière,
Qui vendit ses appâts pour quelques boucles d'or,
As-tu croisé la route de la vile sorcière,
Qui te perça le front ainsi qu'un matador ?

Et vous compagnons, ombres de mes ombres chères,
Paul le philosophe et Riton de Sainte-Ourse,
Erudits, vauriens, manants et tire bourses,
Amateurs de jupons, joueurs et pamphlétaires,
Elle vous a tous couché d'un trait de sa rapière,
La ricanante vieille aux deux orbites vides.

Désormais sur la route je marche solitaire,
Désenchanté, haletant, le cœur chaviré,
Sans rires, vos chansons, vos passions ordinaires,
Le silence pour écho, le néant à jamais.

Mélancolie

Dans mes instants perdus de grande solitude,
Quand les heures sont pour moi un sinistre fardeau,
Je songe aux jours d'antan par funeste habitude,
Et naissent les souvenirs et reviennent les mots.

Que de temps a coulé dessous les ponts de Seine,
De mes rêves d'enfant à mes soucis présents,
De mes riches idées à cette morne plaine,
Où rode mon esprit dans un désert absent.

Je te revois encore ma douce prisonnière,
Tes cheveux blonds filant sur tes épaules nues,
Tu m'enseignas l'amour et ses joies singulières,
Le feu de tes baisers qu'est-il donc devenu ?

Nous empruntions tous deux les allées buissonnières,
Le vent dans nos cheveux pour unique chanson,
Tu me prenais la main sans fard et sans manière,
Et nous cédions aux lois de maître Cupidon.

Je reviens quelquefois dans le bois solitaire,
Cherchant dans le passé la trace de nos pas,
Mais la mousse a poussé sur notre humble litière,
Et les oiseaux du ciel ne s'en souviennent pas.

Le Roman d'une Rose

Ce matin au jardin naquit une rose,
Une rose de rien, juste un simple bouton,
Qui me cachait si bien sa grâce à peine éclose,
Que je l'eus ignorée sans un coquin destin.

J'appréciais en galant la douceur de sa chair,
Le velours de sa peau aux pétales tendus,
Et le tendre carmin de sa robe princière,
Nimbée du pur cristal de gouttes de rosée.

J'eus cueilli sans remord la belle éphémère,
Si un vibrant appel ne m'eût dissuadé,
« De grâce monsieur, courte est la vie sur Terre,
Ne cueillez point encore un si maigre butin,
De ma frêle corolle vous ne saurez que faire,
Je vous en prie monsieur, passez votre chemin «

Emu par la prière je ne la cueillis point,
Et passai mon chemin...

Ami si par hasard en ce jardin tu erres,
Sache que cette tige aux pétales flétris,
Fut un bouton de rose à la grâce éphémère,
Que le destin sauva d'un funeste mépris.

Ma vie est un voilier

Ma vie est ce voilier navigant d'île en île,
Qui dresse sans faiblir ses voiles aux quatre vents,
Il va, il vient, louvoie sous les vents difficiles,
Il ne sait remiser ses vergues et ses haubans.

L'aventure est mon sort, mon jeu, ma bonne étoile,
Ma griserie d'opium, mon chapeau de forban,
Mon champ clos est le monde, mon cap, ma grand-
voile,
Sur le chemin des cieux je suis un goéland.

Je ne saurai jamais jeter mon sac en cale,
L'univers est si vaste et si confus le temps,
J'ai tant de terres à voir, à lier tant d'escales,
Et le noir sablier coule si prestement.

Ma vie est un voyage aux vertus cardinales,
Défilent les années, peut s'écouler le temps,
Mon cœur est fait d'acier et mon front de rafales,
Ma route est pour longtemps tracée sur l'océan.

Complainte d'un homme ordinaire

Je ne suis la statue des ruines de Carthage,
Que le ciseau figea en sa mâle beauté,
Que ne suis-je venu de ce lointain rivage,
Pour m'ainsi contempler en mon éternité.

Moi je suis fait d'un bois qui s'effrite à l'usage,
La marâtre Nature l'a pour moi décidé,
Mes traits se sont creusés aux plis de mon visage,
La patine n'est point le souci des années.

Le bois dont je suis fait n'a point cet avantage,
Du marbre de Carrare pour son intégrité,
Je me disperse au feu, au fer et au grand âge,
Mais la chance est pour moi de me multiplier.

Le chêne dont ma chair a reçu le lignage,
Sait bien que son empire n'est point illimité,
Mais il a sur le marbre l'estimable avantage.
De se savoir mortel et s'en accommoder.

Belles du temps naguère

Où êtes-vous allées belles du temps naguère,
Gamines des faubourgs aujourd'hui oubliés,
Manon de quatre sous, Julie cache-misère,
Qui trainiez votre ennui dans nos rues éventées.

Vous les avez aimé ces gamins en galère,
Gosses de presque rien aux gilets ravaudés,
Vous n'aviez qu'un salon, celui de la barrière,
Les trottoirs du canal et ses quais désolés.

En avons-nous rêvé de lieux imaginaires,
De vent dans les cheveux et de blonds cocotiers,
Où nous irions un jour quand on serait notaire,
Chanteur ou président ou même aventurier.

On s'aimait simplement sans fard et sans manière,
Conscients que dans vos yeux les nôtres s'éclairaient,
Vous n'aviez ni coiffure, ni bleu sur les paupières,
Le rouge de vos joues le vent l'y déposait.

Qu'êtes-vous devenues mes ardentes drôlières,
Avez-vous abordé les plages tant rêvées,
Les lagons alanguis, le vent sur la barrière,
Et la plume légère d'indolents cocotiers.

Sans doute êtes-vous là dans la vie ordinaire,
Usées par des marmots pas toujours désirés,
Assurant sans entrain les corvées journalières,
Sans le temps d'un regard sur vos tendres années.

Parfois les vieilles pierres se confient à nous pour
évoquer leur gloire passée,
Parfois les champs de bataille font entendre le fracas
des affrontements titanesques d'autrefois
Parfois notre mère terre chuchote ou gronde dans le
bruissement de ses forêts, de ses landes,
Le mugissement des océans,
La chanson du vent dans la futaie,
La nostalgie nous envahit alors, et le rêve glisse son
voile mystérieux...

Paris des jours anciennes

Qu'avons-nous fait de toi Paris des jours anciennes,
De tes rues, de tes quais, de ton pré Saint-Germain,
De tes gais pastoureaux s'allant baigner en Seine,
De ta grève filant au ventre des chalands.

Les murs ont disparu de l'Auguste barrière,
Et fané le bleuet sur les quatre saisons,
Elle n'ira plus cueillir la belle ferronnière,
Au jardin de Ronsard les roses en boutons.

On ne reverra plus battre les lavandières,
De la place de Grève à la Mégisserie,
Les siècles, les années les ont conduites en terre,
Plus jamais ne pourrons les rencontrer ici.

Nous ne reverrons plus rue de la Grange-aux-Belles,
Lisette et Manon découvrant leur jupon,
A Jean-François Villon en regrets éternels,
Avant qu'on ne le pende au pied de Montfaucon.

Ne rêvez plus Marot à la Sainte Chapelle,
Aux heures les plus folles des ducs de Berry,
Les pics ont jeté bas notre tour de Nesle,
Et les hordes de loups ont investi Paris.

A quoi bon s'enivrer de ces vapeurs anciennes,
Le bon vin a coulé reste l'acidité,
Laissons aller les fous en leurs voies souterraines,
Et savourons le charme de l'ancienne cité.

Les colosses d'abou simbel

Lorsque se dévoilèrent les colosses de pierre,
Stoïquement dressés en leur éternité,
S'éveillèrent en moi les forces prisonnières,
Qui bouillonnent en leur sein comme flots en marée.

Derrière les traits figés et les orbites vides,
Des siècles s'écoulèrent qui virent s'incliner,
De César le grand aux princes Sassanides,
Les puissants de la Terre, désarmés, fascinés.

Souvenez-vous géants façonnés de main d'homme,
Des guerriers philistins et des hordes nubiennes,
Des phalanges hittites et des légions de Rome,
Qui tous s'avancèrent en vos terres égyptiennes.

Vous êtes les gardiens des temples et des dieux,
Du rayonnant Amon à Sekhmet guerrière,
De Ptah, Thot, Hathor, et Horus l'heureux,
Vous fûtes de ces dieux les fidèles cerbères.

Ce soir, sur l'esplanade de l'ancien sanctuaire,
A l'heure où Ré se meurt aux rives d'occident,
Passent en furtives ombres d'indolents dromadaires,
Qui vers le fleuve dieu s'avancent à pas lents.

Soir de bataille

Roide comme un gisant au seuil des cathédrales,
Mon corps git pantelant en la morne vallée,
Où l'ombre de la mort avec la nuit s'installe,
Comme un dernier linceul aux restes d'une armée.

De mon flanc déchiré déjà la vie s'écoule,
En gerbe de mon sang à la fange mêlée,
Et le ciel de la nuit sur ma tête déroule,
L'écrin majestueux de notre voie lactée.

Les canons ont cessé de tirer à mitraille,
Le silence règne enfin sur les champs dévastés,
Et mon esprit fourbu du bruit de la bataille,
Se tourne au dernier soir vers mes jeunes années.

Je ne reverrai plus mon pays de Provence,
Sainte Baume vibrant au soleil de juillet,
Les remparts escarpés de Saint Paul de Vence,
Et la parme garrigue sur l'ocre d'un rocher.

Ma vie, ma courte vie, n'a connu que ripailles,
Gosier brûlé d'alcool et filles sans compter,
Et je repose ici au soir de la bataille,
Nu comme au premier jour et le cœur angoissé.

L'assaut

Funeste plaine, noirs corbeaux, jours sans semailles,
Où deux armées s'affrontent en une âpre bataille,
Ils étaient mille, ils étaient cent, ils étaient cent et
mille,
Accrochés au talus de tranchées inutiles.

Ils attendaient tremblants le moment de l'assaut.

Les uns serraient un Christ sous la chemise sale,
D'autres tenaient en main une simple photo,
Certains priaient Jésus, Allah, Yaveh, Vishnou,
Le reste ne priait point et invoquait la chance,
De protéger leur vie en si sombre échéance,
Les cœurs battaient si fort en cet enfer de boue,
Qu'ils couvraient par moment jusqu'au bruit du
canon.

Et puis vint le signal de la dernière alarme,
Ils se hissèrent sans hâte dans l'âpre tourbillon,
Dans le déluge de feu et le fracas des armes.

Sur la rive opposée au pied d'un mamelon,
De noirs casques brillaient sous un soleil absent.

Ils s'avancèrent dix mille, ils arrivèrent cent,
Oh ! Terre nourricière tu te gorgeas de sang,
Tu reçus les entrailles, les pleurs et les larmes,
De ces soldats perdus, ces guerriers sans armes.

Allongé dans la boue un homme rend son âme,
Une âme bien légère d'un triste mirmidon,
Il n'entend plus les cris de la mêlée infâme,
L'appel des blessés, le râle des moribonds,
Heureux et libéré d'un choc de géants,
Il vogue dans l'éther loin des fureurs du drame,
Il revoit son pays et les matins de fête,
Le châle fleuri des filles et les monts d'Avallon,
Lui reviennent enfin les vers du poète,
Qui glorifia l'amour, le sens, et la raison.

Puis le jour déclina et la lumière s'en fut,
L'heure de la faucheuse était pour lui venu,
L'heure qu'elle n'oubliait en aucune occasion,
L'heure de mettre en gerbe son horrible moisson.

La mer est un berceau

Parfois la mer séduit, elle se grime, elle se farde,
Elle ne s'emporte point, elle ronronne, elle bavarde,
Ses vagues lentement se meuvent et vous caressent,
Comme font aux galants de lascives maîtresses,
Elle va et s'en revient à l'horizon des îles,
Plages ébouriffées et bleus lagons tranquilles,
Son haleine de sel et de tiaré mêlés,
Vous laisse sous le charme de cette dulcinée.

Soudain elle se rebelle cette inconnue sauvage,
Elle gonfle, elle rue, elle écume de rage,
Elle dresse son long cou de déesse serpent,
Et lance des éclairs d'un regard flamboyant.
Elle n'est plus de douceur, elle grogne, elle gifle,
Son souffle est de tempête, ses caresses de griffes,
Malheur à l'imprudent qui les lèvres en cœur,
Croisera le regard de ce démon vengeur.

Enfin elle s'assagit, elle s'épuise, elle se calme,
La voici à présent qui pavane et se pâme,
Telle une courtisane agitant l'éventail,
Elle souffle une risée sur nos chapeaux de paille.

La mer est un berceau où sommeillent les vagues,
Où dorment les marées, où les courants divaguent,
Sur la coque moussue des vaisseaux disparus.

La ballade de la terre mère

Ma mère Terre s'endort en son berceau obscur,
Un univers de vide et berceau de néant,
Triste linceul de nuit pour l'éclatant azur,
D'un astre couronné de saphir et d'argent.

Tu es bien seule ma mère en ce triste océan,
Que n'ourle point l'écume d'une vague câline,
Tu es trop seule Terre en ce flux dérivant,
Qui t'éloigne à jamais de rives orphelines.

Tu erres ma mère dans le vaste univers,
Tel un vaisseau perdu voguant vers le couchant,
Tu cherches mère peut être une autre terre,
Où le ciel est d'azur et les vagues d'argent.

Tu rêves de lumière et de cieux moins austères,
Sans te douter ma mère que l'astre étincelant,
Qui t'observe au lointain d'un regard débonnaire,
Pourrait bien de ta chair se repaitre pourtant.

Grondements d'océan

Comme cent mille chevaux galopant ventre à terre,
Comme cent mille guerriers sur leur tambour de
guerre,
L'océan gronde et rue, se tord et se déchaine,
Sur le frêle rempart de ses coraux dressés.

Et le sourd grondement du malin qui s'acharne,
A rompre la barrière et la démanteler,
Me livre à demi nu sur ma couche océane,
Haletant et surpris par la fureur des eaux.

Au loin les cocotiers sur fond d'azur balancent,
En larges arabesques leurs têtes décoiffées,
Dont les lascives mèches jusqu'au lagon se penchent,
Pour un baiser subtil à l'onde déposé.

Palmyre m'a dit

Ocre brun, ocre beige, ocre mêlé de brun,
C'est ainsi que je vois du haut de mon repaire,
Cette plaine où Palmyre brille en son écrin.
Palmyre blonde, Palmyre l'araméenne,
Tes palais éventrés, tes riches sanctuaires,
Témoignent de tes fastes à jamais oubliés.
Les fûts coiffés d'acanthes d'élégants péristyles,
Adressent au ciel d'azur leurs antiques prières,
Tandis qu'au Tétrapyle les grandes colonnades,
Se figent en un salut aux dieux abandonnés.

Dans le Cardo désert que le soleil inonde,
On peut imaginer si l'on fait un effort,
Ces longues caravanes à l'amble gracieux,
Les bâts chargés de myrrhe, de brocards et de soie,
D'épices de Java, de riches porcelaines,
S'avançant à pas lents sous le regard des femmes,
Les aboiements des chiens, les rires des enfants.

Et puis rêvant encore quand les ombres s'allongent,
Que la silice coule au sablier du temps,
Apparait Zénobie comme émergeant d'un songe,
Zénobie la reine, Zénobie la rebelle,
Qui s'opposa à Rome à l'égale des rois.

Alors ce fut l'enfer pour Palmyre la belle,
Des jours entiers de feu de fureur et de sang,
Rouge le sang des hommes, rouge le feu brûlant,
Hommes et bêtes, maisons, temples et moissons,
Horreur sur les têtes, pillages et destructions.

Puis le silence vint sur Palmyre romaine,
Un silence pesant pour des siècles encore,
Tel un linceul d'oubli par le sable amassé.
Ce soir en ce patio où rêva Zénobie,
Je songe à tous ces gens qui vécurent ici,
A ces riches marchands, ces ombres ordinaires,
Qui le soir venu hantent les vieilles pierres,
Et pleurent leurs regrets des gloires éphémères,
Des ambitions déçues et des espoirs brisés,
Que le vent du désert porte de dune en dune,
Comme un dernier message au monde des vivants.

Poussières d'étoiles

Le firmament s'éclaire d'œillades importunes,
Dessous le voile sombre d'une soirée d'été,
Et le dernier croissant d'une lune blafarde,
Parait au ciel fiché au rameau d'un pommier.

Des myriades d'étoiles se dressent en livrée,
Diamants scintillants d'une rivière astrale,
Et les quinquets fragiles au firmament semés,
Jettent leur halo blême sur nos visages pâles.

Prunelles scintillantes à la maille de l'ombre,
Ainsi que sont persanes à leur moucharabieh,
Lucioles allumées à l'infini des mondes,
Poignée de clair azur au ciel éparpillée.

Vous êtes les étoiles des ciels de Provence,
Vestales pointilleuses des stellaires foyers,
Vous êtes des bergers la discrète présence,
Et des marins perdus les balises tracées.

Ephémères compagnes des astres de la nuit,
Votre règne s'achève au premier point du jour,
Et du sommeil profond qui vous anéantit,
Vous reviendrez le soir sous de nouveaux atours.

La Presque vieille

Elle s'accroche à ce lit comme au mât d'un navire,
Ballottée, submergée par la colère des cieux,
Elle tangue, elle gémit, et se refuse à dire,
Que l'enfer lui a pris son bien le plus précieux.

Lui, le feu conjoint, le déjà presque ancêtre,
Repose livide et froid sur l'étoffe d'un drap,
Il a tant bataillé avant de disparaître,
Le repos d'aujourd'hui est un repos de droit.

Elle, la veuve brisée, la déjà presque vieille,
S'agrippe à son passé comme ces naufragés,
Qui errent au sein des flots à l'épave pareille,
Sans espoir et sans joie, à jamais affligée.

Elle s'imagine ici attendre à la fenêtre,
Le retour de celui qui fut toute sa vie,
Les ombres passent en vain sans qu'elle ne voit
paraître,
Celui que le destin sans pitié lui ravit.

Elle n'est plus qu'un fétu que les vagues chavirent,
Pareille à ces navires que la houle brisa,
Elle va, elle vient, et ne sait que maudire,
L'implacable destin qui son amour ruina.

Mort d'un gaulois devant Alesia

Sous le quinquet discret d'une lune anémique,
Alésia la rebelle se disperse en fumée,
Les légions ont vaincu nos cohortes celtiques,
Et le joug de césar à nous s'est imposé.
Au pied du tertre en feu mon grand corps pathé-
tique,
Repose bras en croix dans la boue du fossé,
Un casque est sur mon front, à mon bras une pique,
Un bouclier de bronze est jeté à mes pieds.

Un souffle s'échappe encore de mes lèvres livides,
Mon regard est ouvert sur le ciel embrasé,
Mon esprit n'est point mort si mes chairs se vident,
Du reste de mon sang sur ma terre versé.

Où êtes-vous nos dieux, nos chênes et nos druides,
Belenos le brillant, Esus et Taranis,
Qu'avez-vous fait de nous dans ce désert putride,
Où les crocs de la louve ont broyé l'insoumis.

L'aube se lève enfin sur le décor tragique,
D'une ville à genoux et d'hommes sacrifiés,
Des corps jonchent la plaine et des chiens famé-
liques,

Recherchent leur pitance aux ventres des guerriers.
Ma conscience veille encore sous le casque rustique,
Des hommes de mon clan, des gens de ma lignée,
La vie s'en est allée de mon corps apathique,
Et mon âme s'élève au-dessus du charnier.

Je vole au paradis des ancêtres galliques,
Libéré du fardeau qui nous a tant pesé,
Je revois nos forêts et nos landes mystiques,
Avant de m'évader au repos du guerrier.

Mort d'un vaisseau

L'ile de Sein surgir dans la brume tenace,
Un temps à réveiller les marins trépassés,
Et le vaisseau gémit sous la lourde menace,
D'un vent à décoiffer les tours et les clochers.

L'océan chaviré par le souffle infernal,
Ouvrent ses noires entrailles aux sombres gorgones,
Sous la proue du vaisseau qui agite un fanal,
Au rythme du tocsin des églises qui sonne.

Et les vieilles sénanes massées au littoral,
Mères de ces marins engloutis par les flots,
Tournent leurs chapelets guettant l'instant fatal,
Où le vaisseau vaincu glissera sous les eaux.

Le vent redouble encore et lève des montagnes,
D'eau et de débris au rivage arrachés,
Et le vaisseau fourbu d'une si forte hargne,
Dresse aux cieux amers ses moignons déchirés.

Enfin le vieux vaisseau anticipant le drame,
Où le monstre figé ainsi qu'un torero,
Pointera sur son front sa flamboyante lame,
Se couche sur le flanc et sombre dans les flots.

Alors près des calvaires où la rumeur s'est tue,
Les tritons grimaçants, les gargouilles en pierre,
Versent comme à regret sur le vaisseau vaincu,
Les larmes de la pluie que l'océan libère.

Qui n'a jamais rêvé de plages blondes, de longs cocotiers à la grâce océane inclinant leurs longues tresses de palmes à toucher le lagon.

Qui n'a jamais rêvé de vent sur la barrière, de zéphyr parfumé de tiaré et de frangipanier.

Qui n'a jamais imaginé la savane africaine, ses grandes plaines brulées de soleil frémissant au galop des troupeaux de zèbre et de gnous.

Qui n'a jamais vibré au rythme des tambours et des balafons.

Laissons l'imagination nous y conduire...

Humaine éternité

Les nuages s'en vont les nuages s'en viennent,
Sous le dais tourmenté d'un éternel été,
Les pirogues s'en vont, les pirogues reviennent,
Sous le vent frémissant de la passe troublée.

Et les années s'en vont et les années s'en viennent,
Pareilles à tous les ans des siècles écoulés,
Une fumée s'élève en volutes aériennes,
De cent feux scintillant au fond de la vallée.

Une vieille raconte une légende ancienne,
A des marmots rieurs, turbulents et blasés,
D'autres vieux se taisent et pourtant se souviennent,
Des fêtes d'autrefois sur les grands marae.

Un chien noir aboie, des femmes vont et viennent,
Un soleil harassé sombre dans l'océan,
La paix du soir descend sur l'ile lointaine,
Dans la moite torpeur du jour agonisant.

Ia ORA NA

Je repose face au ciel à l'univers immense,
Je ne dors pas, je ne meurs pas, je rêve,
Je rêve à ces langueurs en grèves océanes,
Au va et vient des vagues allant s'éclaboussant,
Sur les sombres brisants à l'océan dressés.

Je rêve de cocotiers à la grâce océane,
Qui lentement balancent en fleurs diaphanes,
Le pinceau de leurs cils sur la plage inclinés,

Je ne dors pas, je ne meurs pas, je rêve,
Je rêve à ces lagons de vert éclaboussés,
Aux jardins de corail de carmin maquillés,
Au poisson papillon d'orange appareillé,
Au chirurgien rayé, à l'ange énamouré,

Je ne dors pas, je ne meurs pas, je rêve,
Ia ora na hiva oa, ia ora na,
Sur les noirs marae montent les cris de guerre,
Maeva tavana rahi maeva,
Dans les sombres vallées aux noirs tikis de pierre,
Les masques grimaçants proclament la mana.

Je ne dors pas, je ne meurs pas, je rêve,
Je rêve de chevaux bruns, à leur blonde crinière,
De broussailles fleuries et de frangipaniers,
De lieux abandonnés d'un joli cimetière,
Où repose Gauguin à l'ombre d'un tiaré.

Je rêve d'oiseau blanc au destin légendaire,
Au joli paille en queue tout de rouge grimé,
Je livre enfin ma vie aux génies de la mer,
Et je m'endors heureux aux flots abandonné.

Prière d'un chaman à la rouge terre

Terre, ma mère, de tes sierras austères,
De tes sombres rios et tes rudes llanos,
De tes vives rivières et tes chacos déserts,
Tonne à tous les échos la voix des navajos.

Tu as de moi ma mère même sang, même chair,
Le carmin de ma peau, mes cheveux noirs corbeau,
Je suis né de ta pierre, de ta rouge poussière,
Je suis le sang de l'eau de tes mille rios.

Tu es mère de feu, de pourpre et de lumière,
Tu es tous les pinceaux des rêves d'Utrillo,
Parfois tu es l'enfer, ocre-brun, ocre-vert,
Parfois l'eldorado de mille coquelicots.

En ces lieux où tu erres, apaisée, solitaire,
J'entends chanter l'oiseau, chuchoter l'arbrisseau,
Je sens battre ta chair en ton ventre de pierre,
J'entends les longs sanglots du vieux Colorado.

Africa

Le crépuscule s'avance en ses habits de lune,
Lune blanche, lune ronde, lune aux éclats d'argent,
Tel un quinquet blafard en sa ronde importune,
Elle observe en secret ce monde de néant.
Dans le corral fumeux où l'on marque les bêtes,
Des nègres enchainés en un sombre troupeau,
Dressent leurs bras tendus au-dessus de leurs têtes,
En ultime prière à leurs âpres bourreaux.
Le fouet claque et mord les tendres peaux offertes,
A l'ire des soudards par l'appât déchainés,
Et le sang qui s'écoule de leurs plaies entrouvertes,
Marque d'un sceau infâme les mains des négriers.

Soudain du noir troupeau frappé de tous les maux,
Avili et rompu par l'adverse infortune,
Monte un chant vibrant comme vibre un sanglot,
Un sanglot arraché à ces poitrines brunes.
Ainsi de la savane où ricanent les hyènes,
A la verte lagune où le héron s'arrête,
Les idoles africaines hurlent et se déchainent,
Clament leur colère et souffle la tempête.

Résonnez balafons, battez tambours assoto,
La ténébreuse Afrique appelle ses Iwas,
Grondez, grondez, sombres houmzos,
Ezulie, Ezulie, ne leur pardonne pas.
Creuse les lourds sillons des terreurs anciennes.
Le chant cesse soudain comme il était venu,
Alors aux faces hagardes des marchands d'ébène,
La peur, l'horrible peur jusqu'alors inconnue,
Toute l'Afrique alors reprend le chant barbare,
Des sombres marigots où s'abreuve Simba,
Aux désertes savanes où le berger s'égare,
Un cri, un seul cri s'élève, Africa, Africa !

Le petit âne d'Assouan

Quand je le vis chuter sous l'ire charretière,
Le petit âne blanc des rives d'Assouan,
Il suivait son chemin harassé de misère,
Tête dodelinant et jarret flageolant.

Son échine rompit en passant une ornière,
Le petit âne blanc des rives d'Assouan,
Il gisait crucifié le nez dans la poussière
Le naseau frémissant, fourbu et pantelant.

Il tenta vainement de se lever de terre,
Le petit âne blanc gisant agonisant,
Mais il avait franchi sa limite dernière,
Et la mort se posa sur son pelage blanc.

Il habite à présent de vastes clairières,
Piquées de pâquerettes et de fleurs des champs,
Il gambade joyeux oubliant la misère,
Que fut sa vie d'antan aux rives d'Assouan.

Les saisons vont leur ronde sans fin sur notre terre :
des broussailles fleuries du printemps aux incandescentes
plaines de l'été, des automnes au teint vermeil aux hivers
nichés sous un manteau de neige, la nature suit le rythme
des saisons
Notre âme subit la même influence, tantôt vive et alerte,
tantôt morose, tantôt mélancolique....
Laissons le rythme des saisons nous emporter ....

Morte saison

A légères retouches de son pinceau discret,
La neige s'amoncelle sur chemins et vallons,
Un blanc tapis de plume et de tendre duvet,
Que dame l'oie parsème à la morte saison.

Les flocons tourbillonnent en lestes farandoles,
Que lève le vent d'est sur le toit des auvents,
Et les maisons figées sous la toile d'Eole,
Frileusement tremblent sous le manteau d'argent

Un vieux près de l'âtre peste contre l'hiver,
Qui sans raison lui tisse ce linceul tout blanc,
Des enfants applaudissent et le chat débonnaire,
Doucement ronronne sous le feu crépitant.

La montagne s'endort et les oiseaux se taisent,
Bercés par la caresse des cristaux scintillants,
Et mon cœur fatigué sous le voile s'apaise,
Vaincu par la langueur du jour agonisant.

Symphonie d'automne

Le feu doucement ronronne dans la cheminée,
Le regard captivé par la danse des flammes,
Je laisse à pas feutrés s'émerveiller mon âme,
Dans l'insolite espace des lambeaux de fumée.

Une brindille claque en un rouge artifice,
Et claque le volet assailli par le vent,
Le vent incognito où prestement se glissent,
Les symboles déchus d'un chêne frissonnant.

Sur l'étang déserté des ajoncs en bataille,
Dressent leurs hampes brunes au-dessus des roseaux,
Tandis qu'à l'horizon dans un ciel en grisaille,
Crient les canards sauvages au-dessus des plans
d'eau.

Une lueur pourpre miroite sur l'étang,
Récitant à l'envie la gamme vermillonne,
Comme une symphonie sur la harpe du temps,
De l'accord chatoyant des palettes d'automne.

Le retour du printemps

Le printemps s'en vient sous son bonnet de neige,
Cligne les yeux bouffis des joyeux primevères,
Secoue l'habit d'or des narcisses en cortège,
Et s'éveille d'un coup sous la verte fougère.

Un écureuil inquiet soulève une paupière,
Au seuil d'un abri de douillettes brindilles,
Une pie étonnée jacasse toute fière,
Tandis qu'un merle brun au matin joue sa trille.

Le printemps s'en revient et ses fleurs à brassées,
Du généreux lilas à l'œillet pomponnant,
Du gracieux mimosa au jasmin parfumé,
Tous les rameaux de mars surgissent triomphants.
Elégants camélias, ravissantes anémones,
Délicats lobélias, pétunias à tue-tête,
Les fleurs s'égosillent en un concert énorme,
De vie, d'amour, de coloris de fête,
Rouge, blanc, or, émeraude et réséda,
Sonne le cor et souffle la trompette,
Que les portes du temps s'entrouvrent sous vos pas.

Errances bucoliques

Une abeille bourdonne et sans trêve butine,
Les corolles nacrées d'un buisson d'églantier,
Au pré paissent des bœufs que les mouches
taquinent,
Sous l'œil courroucé d'un jars importuné.
Sous les arceaux d'osier la treille s'illumine,
Du rubis dévoilé de ses grappes dorées,
Le petit chat s'endort à son ombre caline,
Bercé par la chanson d'une brise feutrée.

Tout au fond du jardin, les ailes déployées,
Une poule caquette rameutant sa couvée,
Tandis que Chanteclaire sous son chef cramoisi,
S'essaye aux trémolos de son timbre brisé.

Sous la tonnelle éparse un chien baille d'ennui,
Lové aux pieds d'un vieux qui fume en silence.
Une canne de jonc entre ses mains flétries,
Réprime un tremblement qui l'agite et l'offense.
Au-delà de l'écran que forme la fumée,
Son œil où perle encore une furtive larme,
Se pose indifférent sur l'océan des blés.

Que cherche donc ici ce vieillard cacochyme ?
Des souvenirs enfuis, des rêves oubliés ?
Pourtant nulle pensée ne vient troubler son âme,
Seule la lente ondulation de la houle blonde,
Retient pour un instant le regard fatigué,
De ce marin perdu qu'elle submerge et inonde,
Comme un vivant linceul à son front déposé.

Fleurs de printemps, vent d'automne

L'automne est là et le vent brosse la lande,
En acides bourrasques et brusques tourbillons,
Emu, mon cœur chavire en écoutant les vers,
Que poètes perdus et innocents trouvères,
Semèrent sous leurs pas comme graines en sillons.
« Les mortes feuilles en livrée vermillonnes...
« Les sanglots longs des violons de l'automne...
Alors renaissent en moi les langueurs d'autrefois.

C'est alors qu'à ma porte un quidam s'invite,
Et s'indigne aussitôt de n'être point convié,
A mon triste délire, à ce festin lyrique,
Que l'automne inspira à mes sombres pensées.
C'est l'espiègle printemps et ses fleurs à brassées,
Qui pénètre chez moi en fête bucolique,
Ainsi du mimosa aux brillantes pépites,
Au guilleret muguet tout tintinnabulant,
Du noble camélia à la gloire émérite,
Aux grappes de lilas de parme ruisselant,
Les fleurs du printemps sont toutes de la fête,
L'iris, le souci, la tendre pâquerette,
La rose effarouchée, le jasmin odorant,
Elles se pressent en ces lieux ces douces mignon-
nettes,
Que Lydie, Anne et Laure apprécièrent antan.

Soudain le son d'un cor et le brame d'un cerf,
Tirent ma rêverie de son troublant délire,
Le vent grogne et s'acharne ainsi qu'une sorcière,
Qui tourne en son chaudron son précieux élixir,
Un lutin facétieux s'agite sous la cendre,
Du feu qui se consume sous les chenets noircis,
Le calme est revenu... je me suis endormi.

La houle des champs

Je me souviens encore de ces congés d'antan,
Dans l'irradiant azur de l'airain de juillet,
Mon esprit dérivait bercé par l'océan,
Des plaines alanguies sur la trame des prés.

Le vent roulait les blés en longues vagues blondes,
Sur l'ocre d'un coteau à l'ardeur exposé,
Et les épis brassés par la houle profonde,
Laissaient choir des grains que les femmes glanaient.

L'espiègle vent sifflait au ventre des chaumières,
Mêlant en tourbillons la poussière des champs,
Et les ricanements de l'horrible mégère,
Faisait poindre des larmes à l'œil des enfants.

Je nous imaginais ainsi qu'armés en guerre,
A la proue d'un vaisseau luttant sur l'océan,
Où je bravais les cieux et la sombre barrière,
Que dresse l'horizon sur la houle des champs.

*On n'ose pas prononcer son nom tant elle inspire de
crainte.*

*On la nomme « la camarde » ; « la faucheuse » ; « la
blanche crinière »*

Cependant elle fait partie de notre vie puisqu'elle l'achève.

*Evoquer cet instant où notre réalité physique cessera
d'exister, où notre être subtil gagnera les vastes plaines de
l'ether, n'est pas faire preuve de pessimisme ou de tristesse.*

*Nous faisons preuve de philosophie car en réalité le poète
ne meurt jamais.*

La mémoire effacée

Quand je serai parti pour mon dernier voyage,
Et que mon nom gravé à l'angle d'un tympan,
Subira des années le dernier des outrages,
De se voir effacé par l'usure du temps.

Ami, si par hasard en tes vagabondages,
Tes pas te mènent ici devant mes ossements,
N'essaie pas de savoir sous quel nom, à quel âge,
Les cieux ont décidé de mes derniers instants.

Tu ne pourras savoir quel était mon visage,
Et mes joies et mes peines et mon dernier tourment,
Tu ne sauras de moi non plus pas davantage,
Que ma pierre dressée et son effacement.

J'ai connu dans ma vie pourtant bien des rivages,
Des forêts de Norvège aux cités d'Orient,
Mais je ne suis pour l'heure que ce petit nuage,
Qui vient mêler ses larmes à celles d'un passant.

Où serai-je

Quand mes os dispersés en la marne sauvage,
Ne seront plus ici qu'un lointain souvenir,
Vous aurez oublié les traits de mon visage,
Qu'une photo jaunie vous fera découvrir.

Hélas cet ici-bas n'est qu'un lieu de passage,
Qu'on se doit fréquenter et point s'y établir,
L'esprit, tel un oiseau est sans cesse en voyage,
A peine est-il posé qu'il lui faut repartir.

Vous songerez sans doute contemplant mon image,
Où s'en est-il allé à son dernier soupir ?
Peut-être a-t-il atteint ces mystérieux rivages,
Qu'évoquaient les anciens avant que de mourir.

Pourtant ma douce aimée, toi mon épouse sage,
Ma présence à ton bras te fera tressaillir,
Tel ce doux baiser au creux de ton corsage,
Que la brise pour moi se plaira de t'offrir.

Et vous mes chers petits, enfants de mon lignage
Votre pensée vers moi me fera accourir,
Des limbes infinis, du dernier ermitage,
Où l'œil à peine clos je m'en vins m'assoupir.

La dernière saison

C'est l'ultime été, le dernier souffle de la bête,
La dernière oraison, la dernière requête,
Voici que vient l'hiver et sa morte saison,
Voici que l'on engrange la dernière moisson.
Les portes sont scellées sur les sombres greniers,
Et les cuves vidées des caves et des celliers.
Le temps est à l'attente, les jours au diapason.
La complainte du vent, les pleurs du violon,
Annoncent la Camarde et son noir cortège,
Ricanant et grinçant sous ses cheveux de neige,
Elle vient réclamer sa dime et ses deniers.

Mais lui le tout dernier, l'homme vieux, l'ancêtre,
Le feu guerrier, le gladiateur, le reître,
Git agonisant devant l'âtre qui fume.
Il vit si lentement le vieillard posthume,
Il meurt si doucement, doucement il attend.
Le chat, l'ultime ami, le dernier réconfort,
Lové au coin du feu dans ses rêves s'endort.
L'horloge fatiguée de dépit sonne l'heure,
Rappelant à l'ancien les heures du bonheur,
Les grappes cramoisies sur les monts d'Avallon,
Les filles au teint vermeil, les rires et les chansons,
Mais l'esprit du vieillard dans son désert s'égare,
Il n'a plus d'intérêt, il est sur le départ,
Et dans son inconscient, il attend, il attend...

J'aimerais qu'une fois refleurisse la rose

J'aimerais m'en aller comme on tourne une page,
D'une dernière lettre, d'un ultime roman,
J'aimerais que la fin furtivement s'engage,
Comme le grain de sable au sablier d'argent.

J'aimerais m'attarder sur ma dernière prose,
Mon ultime pensée aux poètes d'antan,
J'aimerais qu'une fois refleurisse la rose,
Avant qu'un ciel d'hiver ne la fane vraiment.

Les saisons de ma vie s'en vont vaille que vaille,
On ne peut retenir le sable dans ses doigts,
Même le bel été s'use et se dépenaille,
Pourquoi l'aède usé ne s'en irait-il pas ?

Je voudrais, j'aimerais, le destin n'en a cure,
Il va droit son chemin puisque si bien tracé,
Il nous faut accepter d'en connaitre l'augure,
Les arcanes du ciel nous sont si bien cachés.

Sereinement

Sereinement viendra le jour,
De mes adieux sans un retour,
De ma dernière révérence,
De mon ultime impertinence,

Sereinement et sans regrets,
J'emporterai tous mes secrets,
Mes souvenirs vaillent que vaille,
Mes jours en bleu, mes jours grisailles.

Sereinement je poserai,
Mon vieux blouson à son crochet,
Mes sandales de moine errant,
Sur mes chemins aux quatre vents.

Sereinement je lèguerai,
Mes proses, mes vers et mes cahiers,
Ma plume bleue, l'encre violette,
Mes chers bouquins et mes recettes.

Sereinement avec humour,
J'effectuerai mon dernier tour,
D'illusionniste outrecuidant,
Et de rêveur impénitent.

Sereinement et pour toujours,
Je cacherai tes mots d'amour,
Au plus profond de mon cœur las,
Loin de ce monde et ses fracas.

Corps et âme

Tu gis sur cette couche tel un guerrier vaincu,
Mon bel habit de fête des printemps disparus,
Les ans ont élimé les plis de ta livrée,
Et défraichi le lustre de tes jeunes années.
Tu n'es plus que défroque, que harde couturée,
Abandonnées en scène par un clown fourbu.

Tu fus, je m'en souviens ce pantin dérisoire,
Orgueilleux et confit d'une fugace gloire,
Tel Narcisse amoureux des traits de son visage,
Tu lias ton destin à ta futile image.

Qu'en est-il aujourd'hui de ton humaine errance,
De tes empires de sable, de ta folle arrogance ?

Tu n'es plus à présent que palanquin de larmes,
Poussière de la poussière à l'âpre vent livrée,
Argile de la glèbe dont tu es façonné
Tu n'es plus que souffrance et que cruelle alarme.

Alors de cette couche où ce soir tu expires,
Tu songes à cette flamme si longtemps négligée,
Ton âme, ultime espoir d'un dernier repentir,
Ton âme, quinquet fragile en ton corps déclinant,
L'immortel principe des cendres renaissant.

Lorsque le baladin pose son sac au bout du chemin, il s'émerveille des millions de pas parcourus pendant son voyage.

Il n'est point fatigué, le poète n'est jamais fatigué d'écrire, la douce symphonie des mots l'encourage à persévérer. Cependant, comme toutes les mémoires anciennes, il passe plus de temps à contempler la mer sans que celle-ci à ses yeux ne change. Il comprend son langage, déchiffre la moindre humeur, la moindre haleine du géant qui l'a vu naître.

L'océan qui a tant de charme et qui recèle tant de dangers.

Alors le poète s'endort dans les bras de Morphée, heureux et comblé.

Table des Matières